AF476790

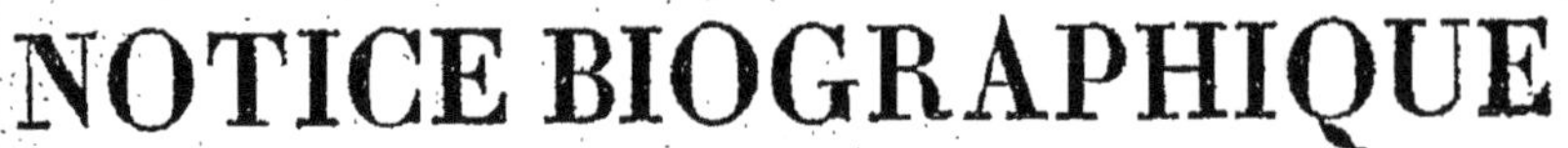

NOTICE BIOGRAPHIQUE

SUR

LOUIS-CLAUDE

DE SAINT-MARTIN,

OU

LE PHILOSOPHE INCONNU.

In eo Spiritus Veritatis loquebatur...
Et non cognoverunt eum.

PARIS,

IMPRIMERIE DE MIGNERET, RUE DU DRAGON, N.° 20.

1824.

NOTICE BIOGRAPHIQUE

SUR

LOUIS-CLAUDE

DE SAINT-MARTIN,

OU

LE PHILOSOPHE INCONNU.

J. B. M. Gence

In eo Spiritus Veritatis loquebatur...
Et non cognoverunt eum.

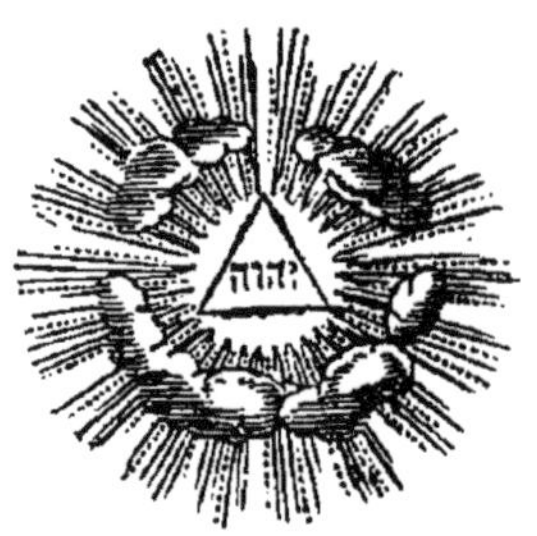

PARIS,

IMPRIMERIE DE MIGNERET, RUE DU DRAGON, N.° 20.

1.er Septembre 1824.

PRÉFACE.

Les ouvrages du *Philosophe inconnu* ont pu être ignorés ou dédaignés par la classe des littérateurs vulgaires, ou même par le peuple des philosophes (car il y a aussi parmi ces derniers un peuple), chez lequel l'intelligence, purement rationnelle, n'aperçoit rien au-delà des sens. Mais les méditatifs, qui s'élèvent par l'esprit à des vérités d'un ordre supérieur, dont ils reçoivent en eux la connaissance, ont su goûter et apprécier les livres de notre Théosophe, soit en France, soit en Allemagne, en Angleterre, et même hors de l'Europe.

Ceux qui ont connu personnellement l'Auteur, non moins simple et modeste que savant et profond, l'ont aussi révéré et aimé. Je me félicite d'avoir été du nombre. C'est à ce titre que je m'étais chargé de lui consacrer une Notice historique impartiale dans la *Biographie universelle*. Mais j'ai eu la douleur de voir cette Notice tronquée et défigurée ; la doctrine de l'Auteur travestie ; ses motifs dénaturés, ses sentiments calomniés ; enfin, l'on a osé joindre le plagiat à l'outrage.

Je ne puis que m'empresser de rétablir et de publier ici la Notice dans son intégrité, pour l'honneur du personnage respectable qui en est l'objet, et pour celui de ses honnêtes amis que tend à compromettre l'injure faite à sa mémoire et à sa religion.

J.-B.-M. GENCE.

NOTICE BIOGRAPHIQUE

SUR

LOUIS-CLAUDE DE SAINT-MARTIN.

SAINT-MARTIN (LOUIS-CLAUDE DE), savant et profond spiritualiste, dit le *Philosophe inconnu*, naquit à Amboise, d'une famille noble, le 18 janvier 1743. Il dut à une belle-mère attentive les premiers éléments de cette éducation douce et pieuse, qui le fit, disait-il, aimer, pendant toute sa vie, de Dieu et des hommes. Au collége de Pont-Levoy, où il avait été mis de bonne heure, le livre qu'il goûta le plus, fut celui d'Abadie, intitulé, l'*Art de se connaitre soi-même* : c'est à la lecture de cet ouvrage qu'il attribuait son détachement des choses de ce monde. Mais destiné par ses parents à la magistrature, il s'attacha, dans son cours de droit, plutôt aux bases naturelles de la justice, qu'aux règles de la jurisprudence, dont l'étude lui répugnait. Aux fonctions de magistrat, auxquelles il eût cru devoir donner tout son temps, il préféra la profession des armes, qui, durant la paix, lui laissait des loisirs pour s'occuper de méditations, et de la connaissance de l'homme. Il entra comme officier, à 22 ans, au régiment de Foix, en garnison à Bordeaux.

Malgré son goût pour la philosophie interne, une carrière non moins active que celle des exercices militaires, s'ouvrit à lui. Initié par des formules, des rites, des pratiques, à des opérations qu'on appelait *théurgiques*, et que dirigeait Martinez Pasqualis (voyez la *Biographie universelle*), chef de la secte dite des Martinistes, il lui demandait souvent : *Maître, eh quoi! faut-il donc tout cela pour connaître Dieu?* Cette voie, qui était celle des manifestations sensibles, n'avait point séduit notre philosophe. Ce fut toutefois par-là qu'il entra dans la voie du spiritualisme. La doctrine de cette école, dont les membres prenaient le titre hébreu de *Cohen* (Prêtres), et que Martinez présentait comme un enseignement public secret dont il avait reçu la tradition, se trouve exposée, d'une manière mystérieuse, dans les premiers ouvrages de Saint-Martin, et surtout dans son *Tableau naturel des rapports entre Dieu, l'homme*, etc.

Après la mort de Martinez, l'école fut transférée à Lyon. C'est là que, muni des armes d'une doctrine opposée à celle des encyclopédistes, qui ne menaçait que trop de se propager, Saint-Martin, destiné en quelque sorte à combattre l'athéisme philosophique, comme il devait un jour attaquer de front le matérialisme révolutionnaire, publia son livre *des Erreurs et de la Vérité*. En détruisant les doctrines erronées d'une prétendue philosophie de la nature et de l'histoire, il rappelle l'homme à la Vérité fondée sur le Principe même de la science et sur la nature de l'être intellectuel ; mais il n'emploie les traditions de l'Écriture qu'à l'appui des preuves, ou énigmatiquement, pour ne pas trop heurter les lecteurs imbus des théories sorties de l'atelier du baron d'Holbach. Cette même école de Pasqualis, dont les opérations cessèrent en 1778, vint se fondre à Paris, dans la société des G. P., ou dans celle des Philalèthes, professant en apparence la doctrine de Martinez et celle de Swedenborg, mais cherchant moins la vérité que le grand-œuvre. Saint-Martin fut invité, en 1784, à cette dernière réunion; mais il refusa de participer aux opérations de ses membres, qu'il jugeait ne parler et n'agir qu'en purs francs-maçons, et non en véritables initiés (c'est-à-dire, unis à leur Principe).

Saint-Martin suivait volontiers les réunions où l'on s'occupait, de bonne-foi, d'exercices qui annonçaient des vertus actives. Les manifestations d'un ordre intellectuel, obtenues par la voie sensible, lui décelaient, dans les séances de Martinez, une science des *esprits* : les visions de Swedenborg, d'un ordre sentimental, une science des *ames*. Quant aux phénomènes du magnétisme somnambulique, qu'il suivit à Lyon, il les regardait comme étant d'un ordre sensible inférieur; mais il y croyait. Dans une conférence qu'il eut avec Bailly, l'un des commissaires-rapporteurs, pour lui persuader l'existence d'un pouvoir magnétique sans soupçon d'intelligence de la part des malades, il raconte qu'il cita des opérations faites sur des chevaux que l'on traitait alors par ce procédé. Bailly lui répondit : *Que savez-vous si les chevaux ne pensent pas* ?

Amateur de tout ce qui pouvait lui faire reconnaître une vérité, surtout dans les sciences soumises à des principes exacts, l'étude des mathématiques dont Saint-Martin s'occupait pour y découvrir l'esprit que pouvait recéler la connaissance des nombres, occasionna sa liaison avec Lalande; mais ils étaient trop antipathiques : elle dura peu. Quoiqu'il ne crût pas à son athéisme, il le voyait néanmoins placé de manière à s'enfoncer de plus en plus dans ce système. Notre philosophe s'estimait avoir plus de rapports avec J.-J. Rousseau, qu'il avait étudié. Il pensait, comme lui, que les hommes étaient naturellement bons : mais il entendait, par la nature, celle qu'ils avaient originairement perdue, et qu'ils pouvaient recouvrer par leur intention; car il les jugeait, dans le monde, plutôt entraînés par l'habitude vicieuse que par la méchanceté. A cet égard il ressemblait peu à Rousseau, qu'il regardait comme misantrope par excès de sensibilité et voyant les hommes non tels qu'ils étaient, mais tels qu'il voulait qu'ils fussent.

Quant à lui, au contraire, il aima toujours les hommes, comme meilleurs au fond qu'ils ne paraissaient être; et les charmes de la bonne société lui faisaient imaginer ce que pouvait valoir une réunion plus parfaite dans ses rapports intimes avec son Principe. Aussi ses occupations, comme ses plaisirs, furent toujours conformes à cette disposition. La musique instrumentale, des promenades champêtres, des conversations amicales, étaient les délassements de son esprit; et des actes de bienfaisance, ceux de son ame. Il n'avait rien à lui, tant qu'il lui restait quelque chose à donner; et il recevait toujours en satisfaction plus qu'il ne donnait. Dans ses entretiens, il trouvait aussi toujours à gagner. C'est même à ses liaisons avec des personnages des plus distingués par leur rang (tels que le marquis de Lusignan, le maréchal de Richelieu, le duc d'Orléans, la duchesse de Bourbon, le chevalier de Bouflers, etc.), qui trouvaient avec raison son spiritualisme trop élevé pour l'esprit du siècle, qu'il dit avoir dû la confirmation et le développement de ses idées sur les grands objets dont il cherchait le Principe, en s'entretenant avec lui-même et avec les personnes les moins prévenues. Il voyagea, dans cette vue, comme Pythagore, pour étudier l'homme et la nature, et pour confronter le témoignage des autres avec le sien. C'était à lui que pouvait plus réellement s'appliquer la devise de Jean-Jacques : *Vitam impendere vero*. Tout entier à la recherche de la vérité, le but constant de ses études et de ses ouvrages, Saint-Martin quitta enfin le service militaire pour se livrer tout-à-fait à son objet, et au ministère, en quelque sorte spirituel, auquel il se sentait appelé.

Ce fut à Strasbourg que, par l'organe d'une amie (Mme Bœchlin), il eût la connaissance des ouvrages du philosophe teutonique, Jacob Bœhm, regardé en France comme un visionnaire; et il étudia dans un âge avancé, la langue allemande, afin d'entendre et de traduire pour son usage, en français, les ouvrages de cet illuminé célèbre, qui lui découvrirent ce que, dans les documents de son premier maître, il n'avait fait qu'entrevoir. Il le regarda toujours depuis comme la plus grande lumière humaine qui eût paru. Saint-Martin visita l'Angleterre, où il se lia, en 1787, avec l'ambassadeur Barthélemy, et connut William Law, éditeur d'une version anglaise et d'un Précis des livres de J. Bœhm. En 1788, il fit un voyage à Rome avec le prince Alexis Gallitzin, qui dit à M. Fortia d'Urban, ce mot remarquable: Je ne suis véritablement un homme que depuis que j'ai connu M. de Saint-Martin. De retour de ses excursions en Italie, en Allemagne et en Angleterre, il ne put se défendre d'accepter la croix de Saint-Louis, dont il ne se croyait pas digne, quoiqu'il la dût plus à la noblesse de ses sentiments qu'à ses services.

La révolution, dans ses diverses phases, trouva Saint-Martin toujours le même, toujours allant droit à son but: *Justum et tenacem propositi virum.* Élevé par ses principes au-dessus des considérations de la naissance ou de l'opinion, il n'émigra point; et, tout en ayant horreur des désordres et des excès, soit de l'anarchie, soit du despotisme, il vit les desseins terribles de la Providence dans la révolution française, et crut voir un grand instrument temporel dans l'homme qui vint plus tard la comprimer. C'est à l'époque de 1793, où l'esprit de famille semblait être, comme la société, en dissolution, que Saint-Martin alla donner ses soins constants et rendre les derniers devoirs à un père infirme et paralytique. En même temps, malgré l'état de gêne que sa modique fortune, dans cette circonstance, lui faisait éprouver, il contribuait, en qualité de citoyen, aux besoins publics de sa commune. De retour dans la capitale, mais compris bientôt dans le décret d'expulsion, du 27 germinal an II, contre les nobles, il se résigna, et quitta Paris.

Pendant que la plupart des hommes s'occupaient des intérêts politiques qui agitaient les nations, il correspondait sur des objets élevés et abstraits, mais importants par leur influence sur la destinée et la nature de l'homme, avec un baron suisse, membre du conseil souverain de Berne (*V.* KIRCHBERGER dans la *Biographie universelle*). Vivant solitaire, séparé de ses connaissances, au milieu d'uue mer de passions orageuses, il se regardait, dans son isolément, comme le *Robinson Crusoé* de la spiritualité. Cependant une prétendue conjuration d'une association religieuse, sous le nom de la *Mère de Dieu*, étant alors exposée devant la justice révolutionnaire, il ne fut point à l'abri d'un mandat d'arrêt. Heureusement le 9 thermidor survint. Sa correspondance avec le baron suisse, naturaliste et philosophe religieux, qui, porté vers les manifestations extérieures et sensibles, le questionnait sur ces matières, aurait pu le faire suspecter : le philosophe spiritualiste, à la vérité, ramenait toujours son ami au sens moral et intérieur, et le renvoyait à son *chérissime* Bœhm. Ils se lièrent intimement, sans jamais se voir ; et ils s'échangèrent réciproquement leurs portraits. Durant le discrédit total des assignats, le Français accepta du Suisse, mais seulement en dépôt, l'offre d'une somme en numéraire, dont sa philosophie, ou plutôt la foi évangélique, lui avait appris à pouvoir se passer. Tout en estimant la fermeté de Jean-Jacques, il trouvait peu séant dans la bouche d'un homme qui prêchait tant la bienfaisance, d'en arrêter le libre cours en refusant les dons. Saint-Martin, de son côté, offrait généreusement au Suisse, dont la maison de Morat fut pillée lors de l'invasion française, plusieurs pièces d'argenterie qui lui restaient.

Fidèle à ses devoirs publics comme à ceux de l'amitié, il acquittait alors personnellement son service dans la garde nationale. Il nous apprend qu'il montait la sienne, en 1794, au Temple, où était détenu le fils de Louis XVI. On l'avait compris, trois ans auparavant, sur la liste des candidats pour le choix d'un gouverneur du Dauphin. En mai 1794, chargé de dresser l'état de la partie donnée à sa commune des livres provenant des dépôts nationanx, ce qui l'intéressa surtout, c'est qu'il y trouva des richesses spirituelles dans une Vie de la sœur Marguerite du Saint-Sacrement.

Vers la fin de la même année, quoique sa qualité de noble lui interdît le séjour de Paris jusqu'à la paix, il fut désigné par le district d'Amboise, comme un des élèves aux écoles normales, destinées à former des instituteurs pour propager l'instruction. Après avoir, comme Socrate, consulté son génie, Saint-Martin accepta cette mission, dans l'espérance, disait-il, qu'il pourrait, à l'aide de Dieu, en présence de deux mille auditeurs animés de ce qu'il appelait le *spiritus mundi*, déployer utilement son caractère de spiritualité religieuse, et combattre avec succès le philosophisme matériel et anti-social. Requis de rentrer dans la capitale, il y vint en effet tout-à-propos pour défendre et développer la cause du sens moral, contre le professeur de la doctrine du sens physique, ou de l'analyse de l'entendement humain. La pierre qu'il jeta, ce sont ses termes, au front de l'analyste-philosophe, ne fut point perdue; et elle retentit encore dans les débats dont le souvenir nous est resté. (*Correspondance inédite de S.-M. avec Kirchberger, 19 mars* 1795.)

Retourné paisiblement et avec honneur dans son département, il fit partie en 1795, des premières assemblées électorales: mais il ne fut membre d'aucun corps législatif. La paix entre la France et la Suisse rendit plus active avec Berne sa relation, qui lui servit d'intermédiaire pour une autre correspondance de prédilection à Strasbourg, suspendue par les circonstances. C'était aussi, plus que jamais, entre les deux amis, un commerce d'explications pour l'un sur le texte de Jacob Bœhm, et d'éclaircissements pour l'autre sur la doctrine de Saint-Martin. Les écrits de notre philosophe en avaient besoin, même ceux où il paraît plus clair, et où les traits de lumière qu'il fait jaillir, laissent quelquefois desirer qu'il se montre plus à découvert.

Au milieu d'une révolution au sujet de laquelle il disait,

dans son langage spiritualiste, que la France avait été visitée la première et très-sévèrement parce qu'elle avait été la plus coupable, il osa émettre des principes bien différents de ceux qui étaient alors professés, quoiqu'il donnât l'exemple de la soumission à l'ordre établi. Dans son *Eclair*, entre autres, *sur l'association humaine*, il montre la base lumineuse de l'ordre social dans le régime *théocratique*, comme le seul vraiment légitime. Mais il n'avait nullement en vue de fonder une secte. Ses écrits anonymes étaient toujours ceux du *Philosophe inconnu* : il les distribuait à quelques amis, et leur recommandait le secret. Ses motifs, en remontant à Dieu comme principe de l'autorité, étaient simplement de ramener les hommes, depuis la houlette jusqu'au sceptre, à cette unité de principe dont le pâtre et le prince devaient trouver la loi en eux-mêmes, sans avoir besoin de recourir à aucun livre, ni même aux siens.

La vue intérieure et recueillie par laquelle l'homme cherche à opérer en lui la connaissance du Principe même des réalités, vue bien supérieure à l'intuition purement rationnelle de Kant, est l'idée qui finit par dominer dans les écrits de l'auteur, dans celui même de la forme la moins grave, sous laquelle il a dérobé sa philosophie, lorsque le sujet pouvait prêter à la satire. Un ton de gaîté, qui lui échappe, et qu'il se reproche, était plutôt dans son humeur que dans son tour d'esprit méditatif et dans son caractère porté à la bonhomie. Il avait lu également les *Méditations* de Descartes et les ouvrages de Rabelais. Il aimait d'autant plus à visiter les lieux où ils avaient pris naissance, que leur contrée était aussi la sienne. On explique ainsi comment sa gravité avait pu se dérider, en composant à-la-fois le *Ministère de l'homme-esprit*, ouvrage des plus sérieux comme des plus élevés, et le *Crocodile*, poème grotesque des plus bizarres, même après Rabelais : c'est une fiction allégorique, qui met aux prises le bien et le mal, et qui couvre, sous une enveloppe de féerie, des instructions et une critique dont la vérité trop nue aurait pu blesser des corps scientifiques et littéraires. Au milieu de ce roman énigmatique et obscur, se trouvent quatre-vingts pages d'une métaphysique lumineuse et profonde, concernant la question de l'*Influence des signes sur la formation des idées*, proposée par l'Institut. La discussion de cette question amène des résultats singuliers, par les notions tirées en partie de l'ordre spirituel, auxquelles elle touche, telles que le *Desir*, antérieur ou supérieur à l'idée, etc.; notions qu'il appuie des plus puissants motifs.

A cette époque, les vues et les sentiments élevés qui lui faisaient admirer son bon philosophe allemand, se répandaient jusque dans les questions de l'ordre naturel qu'il traitait. D'après ses aperçus devenus plus féconds, porté à découvrir, sous la nature temporelle et visible, un monde intérieur et invisible qu'elle devait manifester selon lui par la culture à l'homme intellectuel et moral, il ne pouvait rester étranger à aucune science. Il suivait le progrès des découvertes dans chaque genre de connaissances, et en comparait les données avec celles qu'il avait acquises dans Jacob Bœhm et par ses propres réflexions. C'est en fouillant ainsi dans un monde inconnu, qu'il composa et produisit l'*Esprit des choses*, où il s'efforce de soulever un coin du voile, et de jeter quelques lueurs sur une nature qui lui semblait n'avoir été dévoilée, par une sorte d'inspiration, que pour les regards de Bœhm. On conçoit, dans cette hypothèse, que les sciences, dont il avait parcouru le cercle, étant alors bien moins avancées qu'aujourd'hui; si l'on excepte ce que la connaissance de l'homme intérieur avait pu lui révéler par la méditation, il a dû rester en arrière dans plusieurs de ses explications, qui ne s'accordent pas toujours avec les nouvelles découvertes, indépendamment de ce qu'elles s'éloignent nécessairement des opinions reçues.

Malgré l'étendue de ses connaissances, et l'originalité de ses idées qui lui faisait tout ramener à son spiritualisme, on admirait dans Saint-Martin un sens droit et une modestie simple et aimable. Son caractère liant et son esprit communicatif lui eussent acquis sans doute beaucoup de partisans ; mais il ne cherchait point à faire des prosélytes : il ne voulait que des amis qui fussent disciples, non simplement de ses livres, mais d'eux-mêmes. Il tenait un journal de ses liaisons ; et, de même que les traductions de son cher philosophe étaient des provisions pour ses vieux jours, il regardait ses nouveaux amis comme des acquisitions, et il se jugeait très-riche en *rentes d'ames.* A voir son air humble et son extérieur simple, on ne soupçonnait ni la science profonde, ni les lumières extraordinaires, ni les hautes vertus qu'il recélait. Mais la candeur, la paix de ses entretiens, et, l'on ose dire, l'atmosphère de bienfaisance qui semblait se répandre autour de lui, manifestaient l'homme sage et le nouvel homme qu'avaient formé la philosophie et la religion.

Les amis de la morale aimeront à se rappeler une conversation qu'eut M. De Gérando avec notre philosophe sur les spectacles (*Archiv. littér.*, n.° III, 1804). Saint-Martin les avait beaucoup aimés. Souvent, pendant les quinze dernières années de sa vie, il s'était mis en route pour jouir de l'émotion que lui promettait la vue d'une action vertueuse mise en scène par Corneille ou Racine. Mais en chemin, la pensée lui venait que ce n'était que l'ombre de la vertu, dont il allait acheter la jouissance ; et qu'avec le même argent il pouvait en réaliser l'image. Jamais il n'avait pu, disait-il, résister à cette idée : il montait chez un malheureux, y laissait la valeur de son billet de parterre, et rentrait chez lui, satisfait, et bien payé de ce sacrifice.

On peut juger que les espérances d'un homme qui avait une faim si vive des réalités, ne pouvaient que croître avec l'âge. Aussi disait-il qu'entré dans sa soixantaine, en 1803, il avançait, grâce à Dieu, vers les grandes jouissances qui lui étaient annoncées depuis long-temps. Il se félicitait d'avoir connu, quoique tard, l'auteur du *Génie du Christianisme ;* ce qui consolait sa Religion de la perte récente de Laharpe.

Il avait eu des avertissemens d'un ennemi physique, le même que celui qui avait enlevé son père : mais il était loin de s'en affliger; et la Providence, disait-il, l'avait toujours trop bien soigné pour qu'il eût autre chose que des grâces à lui rendre. La vue d'Aunay, près Sceaux, où il possédait un ami, lui avait toujours offert des beautés naturelles qui élevaient son esprit vers leur modèle, et le faisaient soupirer, comme les vieillards d'Israël, qui, en voyant le nouveau temple, regrettaient les charmes de l'ancien. Une semblable idée l'avait suivi dans tout le cours de ses années; et son vœu était de la conserver jusqu'au bout.

Il semblait pressentir sa fin. Un entretien qu'il avait desiré avoir avec un mathématicien profond sur la science des nombres, dont le sens caché l'occupait toujours, eut lieu en effet avec M. de Rossel, par l'entremise de l'auteur de cette Notice. Il dit, en finissant : « Je sens que je m'en vais : la Providence peut m'appeler; je suis prêt. Les germes que j'ai tâché de semer fructifieront; je pars demain pour la campagne d'un de mes amis : je rends grâce au Ciel de m'avoir accordé la dernière faveur que je demandais. » Il dit alors adieu à M. de Rossel, et nous serra la main.

Le jour suivant, en effet, il se rendit à la maison de campagne de M. le comte Lenoir La Roche, à ce même Aunay qu'il avait tant aimé. Après un léger repas, s'étant retiré dans sa chambre, il eut une attaque d'apoplexie. Quoique sa langue fût embarrassée, il put cependant se faire entendre de ses amis, accourus et réunis auprès de lui. Sentant que tout secours humain devenait inutile, il exhorta tous ceux qui l'entouraient à mettre leur confiance dans la Providence, et à vivre entre eux en frères, dans les sentiments évangéliques. Ensuite il pria Dieu en silence; et il expira sans agonie et sans douleur, le 13 octobre 1803.

Quoique Saint-Martin fût encore alors assez répandu, ce philosophe était généralement si peu connu dans le monde, que les feuilles publiques, annonçant son décès, le confondirent avec Martinez-Pasqualis, son maître, mort en 1779, à Saint-Domingue. Bien que le disciple ait passé pour le chef d'une doctrine religieuse, ses sentiments, comme on l'a dit, étaient bien loin d'être dictés par des vues particulières ou exclusives. Tous ses discours et ses écrits avaient pour objet au contraire de montrer que la voie de la vérité pouvait s'ouvrir à tous les hommes vraiment chrétiens, par la méditation; non que Saint-Martin, comme l'a avancé l'auteur des *Soirées de Saint-Pétersbourg*, ne crût pas à la légitimité du sacerdoce chrétien: mais il pensait que partout l'institution du Christ pouvait s'opérer par la foi sincère aux pouvoirs et aux mérites du Rédempteur.

Comment un écrivain professant un christianisme aussi indulgent, avait-il pu encourir, d'un autre côté, l'animadversion des prétendus apôtres de la tolérance et de la philantropie? C'est que sa religion n'était, ni politique, ni feinte; c'est que les clartés qui partaient de sa conviction, malgré les nuages dont il semble s'envelopper, offusquaient les lumières du philosophisme. Saint-Martin a beaucoup écrit; et ses livres développent toujours par degrés, avec plus de force et de netteté, le caractère religieux dont ils portent l'empreinte. Ils ont été de plus commentés, et traduits en partie, mais principalement dans les langues du nord de l'Europe.

On va voir, par un coup-d'œil général sur la doctrine de l'auteur, dont chacun de ses écrits offrira un point de vue particulier, qu'il n'est pas étonnant que des esprits égarés par la passion, ou livrés aux erreurs des sens, n'aient pu l'entendre ni le goûter. Mais il est permis de croire qu'à mesure que les idées morales, et les sentiments religieux renaissants, se simplifieront en s'épurant par l'influence d'une culture de l'esprit plus étendue, on sentira le besoin d'opposer un spiritualisme éclairé et raisonnable à cette tendance des sciences naturelles vers un matérialisme qui attribue aux organes physiques, des facultés et des fonctions, et qui fait, d'agents passifs et aveugles, le principe de l'activité et de l'intelligence.

Les ouvrages de Saint-Martin ont pour but, non-seulement d'expliquer la nature par l'homme, mais de ramener toutes nos connaissances au Principe dont l'esprit humain peut devenir le centre. La nature actuelle, déchue et divisée d'avec elle-même et d'avec l'homme, conserve néanmoins dans ses lois, comme l'homme dans plusieurs de ses facultés, une disposition à rentrer dans l'unité originelle. Par ce double rapport, la nature se met en harmonie avec l'homme, de même que l'homme se coordonne à son Principe. Il suit de là que le *Nosce te ipsum* doit embrasser dans l'idée du *moi*, la notion du *moi* rationnel et celle du *moi* spirituel. Cette connaissance n'est donc pas la simple théorie d'un type ou *sujet* de nos idées, que Platon conclut de la notion d'un archétype, tirée elle-même des idées d'unité et d'*objet*. Descartes et Leibnitz descendent aussi, par une idée commune, de l'abstrait au sensible, mais après s'être élevés du sujet à l'objet, le premier par voie de *conception*, le second par la voie de l'*apperception*. Kant, ne dépassant pas la limite du sensible, sépare l'objet abstrait d'avec le sujet, et le laisse dans le rang des notions générales dont sa raison intuitive ne peut rendre compte. Suivant Saint-Martin, l'homme, pris pour sujet, ne conçoit ni n'aperçoit pas simplement l'objet abstrait de sa pensée : il le *reçoit*, mais d'une autre source que celle des impressions sensibles (*V*. ci-après, n.° II). De plus, l'homme qui se recueille, et qui fait abnégation, par sa volonté, de toutes les choses extérieures, opère et obtient la connaissance intime du Principe même de la pensée ou de la parole, c'est-à-dire, de son Prototype, ou du Verbe, dont il est originairement l'image et le type. L'Être divin se révèle ainsi à l'esprit de l'homme; et, en même temps, se manifestent les connaissances qui sont en rapport avec nous-mêmes, et avec la nature des choses. C'est à cette nature originelle, où l'homme se trouvait en harmonie avec son Principe, qu'il doit tendre, par son œuvre et son desir, en réunissant sa volonté à celle du Réparateur. Alors, l'image divine se reforme; l'ame humaine se régénère; les beautés de l'ordre se découvrent, et la communication entre Dieu et l'homme est rétablie.

On voit, d'après cet aperçu de la doctrine de Saint-Martin, que le spiritualisme, dont la voie lui avait été d'abord ouverte par Pasqualis, et ensuite aplanie par Jacob Bœhm, n'était plus simplement la science des Esprits, mais celle de Dieu. Les mystiques du moyen âge et ceux de l'école de Fénélon, en s'unissant par la contemplation à leur Principe, suivant la doctrine de leur maître Rusbrock, étaient absorbés en Dieu par l'affection. Ici, c'est une porte plus élevée : ce n'est pas seulement la faculté affective, c'est la faculté intellectuelle, qui connaît en elle son Principe divin, et par lui, le modèle de cette nature que Malebranche voyait non activement en lui-même, mais spéculativement en Dieu, et dont Saint-Martin découvre le type dans son être intérieur par une opération active et spirituelle, qui est le germe de la connaissance. C'est vers ce but que les ouvrages de l'auteur, dans l'ordre de leur composition, paraissent se diriger, en marquant progressivement, par la route qu'il a suivie, celle que l'on peut suivre dans la même carrière. Considéré d'abord comme auteur, et ensuite comme traducteur, l'un n'est encore que la prolongation ou le complément de l'autre, parce que c'est toujours le même esprit :

I. *Des Erreurs et de la Vérité*, ou *Les hommes rappelés au Principe universel de la science*, par un Ph.... inc...., Edimbourg (Lyon), 1775, in-8°. L'auteur, qui suivait rarement sa propre volonté en écrivant, mais bien plutôt le conseil de ses amis, indigné de lire, dans Boulanger, que les religions étaient nées de la frayeur causée par les catastrophes de la nature, fit ce livre pour montrer, comme on l'a dit, dans la nature même de l'homme, la connaissance sensible d'une cause active et intelligente, véritable source des allégories, des mystères, des institutions et des lois. Tandis que l'école holbachique, par l'organe de Voltaire, traitait ce même livre, parfois énigmatique, d'insensé et d'absurde, et que néanmoins elle se piquait d'y donner une suite, le philosophe de Berne, frappé des vérités qu'il lui paraissait renfermer sous le voile, provoquait une correspondance avec son auteur, dont il regardait l'ouvrage comme celui de l'écrivain le plus profond de ce siècle. La prétendue *Suite des Erreurs et de la Vérité*, etc. (Salomonopolis (Paris), 5784, in-8°.), a été signalée, par Saint-Martin, comme frauduleuse, et entachée du vice des faux systèmes qu'il combattait. En effet, le *Philosophe inconnu* avait dit que la volonté constituait la faculté essentielle et fondamentale de l'homme; et c'est en le démentant qu'on ose l'interpréter, lorsqu'on dit (page 7) que la volonté n'est qu'une modification du cerveau par laquelle l'homme est disposé à mettre en jeu ses organes. Ne croit-on pas déjà entendre la doctrine matérielle de Cabanis et de l'école de Gall?

II. *Tableau naturel des rapports qui existent entre Dieu, l'homme et l'univers*, avec l'épigraphe (tirée de l'ouvrage précédent, suivant l'usage de l'auteur) : *Expliquer les choses par l'homme, et non l'homme par les choses*, 2 parties, Edimbourg (Lyon), 1782, in-8°. Dans cet ouvrage, composé à Paris d'après le conseil de quelques amis, l'auteur infère, de la supériorité des facultés de l'homme et de ses actes sur les organes des sens et sur ses productions, que l'existence de la nature, soit générale, soit particulière, est également le produit de puissances créatrices supérieures à ce résultat. Cependant l'homme est dans la dépendance des choses physiques, dont il n'acquiert l'idée que par l'impression qu'elles font sur ses organes. Mais il a, en même temps, des notions d'une autre classe, des idées de loi et de puissance, d'ordre et d'unité, de sagesse et de justice. Il est ainsi dépendant de ses idées intellectuelles et morales, de même que des idées tirées des sens. Or celles-là n'en viennent pas : elles partent donc d'une autre source; de facultés extérieures, qui produisent en lui les pensées. Mais d'où est née cette dépendance? Du désordre produit par une cause inférieure, qui s'est opposée à la cause supérieure, et qui a cessé d'être dans sa loi. L'homme est tombé : dès-lors ce qui existait en principe immatériel, a été *sensibilisé* sous des formes matérielles. L'ordre et le désordre se sont manifestés. Néanmoins tout tend à rentrer dans l'unité d'où tout est sorti. Si, par suite de cette chute, les vertus ou facultés morales et intellectuelles ont été partagées pour l'homme, il doit travailler, en revivifiant sa volonté par le desir, à recouvrer celles dont il a été séparé. Mais sa régénération ne peut s'opérer qu'en vertu de l'acte du Réparateur, dont le sacrifice a remplacé les expiations qui avaient lieu avant la loi de l'esprit. Tel est le plan de cet ouvrage capital, dont la marche logique est serrée, et plus méthodique ou plus suivie que dans le premier. Plusieurs endroits, distingués par des guillemets, semblent étrangers ou moins liés au discours; ce qui tient à la partie énigmatique de la doctrine de Martinez, où l'on dit par exemple, dans la langue mystérieuse des nombres, que l'homme s'est perdu en allant de 4 à 9, c'est-à-dire de l'esprit à la matière. Mais ce n'est point par ces figures purement allégoriques qu'on doit juger le fond de la doctrine. Au reste, les deux ouvrages précédents ont paru en allemand, avec commentaires par un anonyme, 2 tom. in-8°., 1784.

III. L'*Homme de desir*, Lyon, 1790, in-8°; revu et plusieurs fois réimprimé; nouvelle édition, Metz, an x (1802), in-12. Ce sont des élans à la manière du Psalmiste, dans lesquels l'ame humaine se reporte vers son premier état, que la voie de l'Esprit peut lui faire recouvrer par la Bonté divine. L'auteur composa l'*Homme de desir* à l'instigation du philosophe religieux Thieman, durant ses voyages à Strasbourg et à Londres. Lavater, ministre à Zurich, dans son journal allemand de décembre 1790, a fait un éloge distingué de cet ouvrage, comme étant l'un des livres qu'il avait le plus goûté, quoiqu'il avoue ingénument, quant au fond de la doctrine, l'avoir peu compris. Mais Kirchberger, familiarisé davantage avec les principes de ce livre, le regarde, au contraire, comme le plus riche en pensées lumineuses; et l'auteur même convient qu'en effet il s'y trouve des germes épars çà et là, dont il ignorait les propriétés en les semant, et qui se développaient chaque jour pour lui, depuis qu'il avait connu Jacob Bœhm.

IV. *Ecce homo*, imprim. du Cercle social, an IV (1792), in-12. Ce fut à Paris qu'il écrivit cet opuscule, d'après une notion vive (dit-il), qu'il avait eue à Strasbourg. Son objet est de montrer à quel degré d'abaissement l'homme infirme est déchu, et de le guérir du penchant au merveilleux d'un ordre inférieur, tel que le somnambulisme, les prophéties du jour, etc. Il avait plus particulièrement en vue la duchesse de Bourbon, son amie de cœur, modèle de vertu et de piété, mais livrée à ce même entraînement pour le merveilleux.

V. Le *Nouvel homme*, Paris, *ibid.*, an IV (1792), 1 vol. in-8°. C'est plutôt une exhortation qu'un enseignement. Il l'écrivit à Strasbourg, en 1790, par le conseil du chevalier Silverhielm, ancien aumônier du roi de Suède, et neveu de Swedenborg. L'idée fondamentale de cet ouvrage, est que l'homme porte en lui une espèce de texte, dont sa vie entière devrait être le développement, parce que l'ame de l'homme, dit-il, est primitivement *une Pensée de Dieu*: de là il résulte que le moyen de nous renouveler en rentrant dans notre vraie nature, c'est de penser par notre propre Principe, et d'employer nos pensées comme autant d'organes pour opérer ce renouvellement. Malgré la source élevée où l'auteur remonte, il avouait plus tard qu'il n'aurait pas écrit ce livre, ou qu'il l'aurait écrit autrement, si alors il avait eu la connaissance des ouvrages de Jacob Bœhm.

VI. *De l'Esprit des choses*, ou *Coup-d'œil philosophique*

sur la nature des êtres et sur l'objet de leur existence, avec l'épigraphe : *Mens hominis rerum universalitatis speculum est*, Paris, an VIII (1800), 2 vol. in-8°. Notre philosophe pensait qu'il devait y avoir une raison à tout ce qui existait, et que l'œil interne de l'observateur en était le juge. Il considère ainsi l'homme comme ayant en lui un miroir vivant, qui lui réfléchit tous les objets, et qui le porte à tout voir et à tout connaître : mais ce miroir vivant étant lui-même un reflet de la Divinité, c'est par cette lumière que l'homme acquiert des idées saines, et qu'il découvre l'*éternelle nature* (voyez n.° X), dont parle Jacob Bœhm. Cet ouvrage est sans doute celui des *Révélations naturelles*, dont l'auteur annonçait le projet, en 1797, à Kirchberger, et au sujet duquel celui-ci conseillait à Saint-Martin de supprimer tout ce qui pouvait sentir le mystère. Mais ce que J. Bœhm avait pu, d'après ses notions *à priori*, esquisser en grand, Saint-Martin, avec toute la mesure de ses connaissances propres ou acquises, pouvait-il le développer en détail d'une manière toujours claire et intelligible ? Si l'*Anthropologie*, dont nous savons que s'occupe un de ses disciples, secondé de tout ce que les connaissances modernes ont pu découvrir, embrassait les principes applicables aux diverses branches de la science de l'homme physique, moral et intellectuel, c'est alors qu'on aurait en effet un véritable *Esprit des choses*.

VII. *Lettre à un ami*, ou *Considérations politiques, philosophiques et religieuses, sur la Révolution française*, Paris, an III (1795). Ce fut après sept années que Saint-Martin, sur les instances d'un de ses amis, publia sa grande pensée sur la scène qui se passait dans le monde. Il regardait la Révolution française comme celle du genre humain, et comme une image en miniature du Jugement dernier, mais où les choses devaient se passer successivement, à commencer par la France. Kirchberger trouvait que l'auteur de ce livre, en considérant ce grave événement dans son origine et dans son résultat, quoique jugeant peut-être avec trop de sévérité de malheureux instruments qui en ont été victimes, avait su résoudre avec sagesse et modération les grandes difficultés de théorie de l'édifice social, dont les constructions, dit-il, sont toujours à recommencer, si elles ne sont fondées sur une base élevée et fixe, et coordonnées à un but grand et moral. — *Eclair sur l'association humaine*, Paris, an v (1797), in-8°. Cet *Eclair* est comme une vue de l'esprit, qui découvre, dans le Principe de l'ordre social, le foyer d'où émanent la sagesse, la justice et la puissance, sans lesquelles il n'existe point d'association durable, soit qu'on l'établisse avec Helvétius sur les besoins et la prévoyance naturels à l'homme, soit qu'on l'appuie avec Rousseau sur une volonté prétendue générale, mais toujours particulière, dans l'homme plus ou moins vicieux. —*Réflexions d'un Observateur* sur la question proposée par l'Institut : *Quelles sont les institutions les plus propres à fonder la morale d'un peuple*, an vi (1798). Après avoir passé en revue les divers moyens qui peuvent plus ou moins tendre à ce but en liant la morale à la politique, l'observateur montre l'insuffisance de ces moyens, si le législateur n'asseoit lui-même, sur les bases intimes de notre nature, cette morale dont un gouvernement ne doit être que le résultat mis en action. L'auteur avait traité, quinze ans auparavant, un sujet analogue, proposé par l'académie de Berlin, sur *la meilleure manière de rappeler à la raison les peuples livrés à l'erreur ou aux superstitions*, question qu'il démontra insoluble par les seuls moyens humains (Mém. inséré dans ses Œuvres posthumes).

VIII. *Discours* en réponse *au citoyen Garat, professeur d'entendement humain aux écoles normales*, sur l'existence d'un sens moral, et sur la distinction entre les sensations et la connaissance. Ce discours, prononcé à la suite d'une conférence publique du 9 ventôse an III (27 février 1795), se trouve imprimé dans la collection des Écoles normales (tom. III des Débats), publiée en 1801. La discussion qui eut lieu entre le professeur et l'élève, dit M. Tourlet dans sa *Notice historique* sur Saint-Martin, « a mis au jour toute la puissance de son adversaire ; il en est résulté que la question la plus abstraite a été traitée à fond ; » et nous ajoutons, entièrement à l'avantage du sens moral. — *Essai* relatif à la question proposée par l'Institut : *Déterminer l'influence des signes sur la formation des idées*, avec l'épigraphe : *Nascuntur ideæ, fiunt signa*, an VII (1799), in-8°. Un passage où le professeur soutenait l'antériorité des signes sur les idées, paraît avoir donné naissance à la question de l'Institut, qui suppose cette antériorité, et à laquelle l'auteur répond non moins victorieusement, en traitant la question suivant des formes moitié théosophiques, moitié académiques. Dans l'allégorie facétieuse dont nous avons parlé, cet Essai qui s'y trouve intercalé, quoique d'un ton bien différent, est censé l'ouvrage d'un petit cousin de Mme Jof (la Foi), tracé par un psychographe dans le cabinet de *Sedir* (le Desir). Ce sont les deux personnages allégoriques principaux du livre, qui a pour titre : le *Crocodile*, ou la *Guerre du bien et du mal, arrivée sous le règne de Louis XV, poème épico-magique en* 102 *chants*, etc., en prose mêlée de vers : *œuvre posthume d'un amateur de choses cachées*, Paris, an VII (1799), in-8°. de 460 pages.

IX. Le *Ministère de l'homme-esprit*, Paris, Migneret, an XI (1802), in-8°, 3 parties : *De l'homme* ; — *De la nature* ; — *De la parole*. L'objet de ce livre est de montrer comment l'Homme-esprit (ou exerçant un ministère spirituel) peut s'améliorer, et régénérer lui-même et les autres, en rendant la Parole ou le *Logos* (le Verbe) à l'homme et à la nature. C'est dans cette Parole, que Saint-Martin, plein de la doctrine et des sentiments de Jacob Bœhm, puise la vie dont il anime ici ses raisonnements et son style. Cependant cet ouvrage, quoique plus clair, en général, que les précédents, est encore, dans plusieurs endroits, trop éloigné des idées humaines pour être pleinement conçu et senti. La grande amélioration que le théosophe propose, consiste dans le développement radical de notre essence intime. Tous ses écrits reposent plus ou moins sur cette base : mais, en résumé, le *Tableau naturel*, établissant, pour l'œuvre de la régénération, la nécessité d'un Réparateur, a fait voir la grandeur du sacrifice dans lequel la victime s'est immolée elle-même, au lieu des holocaustes sanglants qui avaient lieu auparavant. L'*Homme de desir* a montré que le sang de cette victime étant esprit et vie, la miséricorde se trouvait ainsi réunie à la justice. Le *Ministère de l'homme-esprit* apprend enfin à opérer en lui-même l'action du Réparateur, en s'immolant, à son exemple, pour se séparer du règne matériel, organe du mal ; la renaissance de l'homme par cette voie où Jacob Bœhm est entré si profondément selon Saint-Martin, étant bien préférable aux voies qu'ouvrent les visions contemplatives des mystiques, ou les manifestations sensibles produites, soit par l'exaltation de l'ame, chez Swedenborg, soit par l'assoupissement des sens corporels, dans le magnétisme somnambulique.

X. *Traductions* d'ouvrages de Jacob Bœhm, savoir : 1.° L'*Aurore naissante*, ou la *Racine de la philosophie*, etc., contenant une description de la nature dans son origine, etc. ; trad. sur l'édition allemande de Gichtel, 1682, par le *Philosophe inconnu*, avec une Notice sur Jacob Bœhm, Paris, an IX (1800), in-8°. Cette nature originelle, que Bœhm appelle l'*éternelle nature*, et dont la nôtre serait une altération, n'est point une nature sans *engendrement*, puisqu'elle est l'émanation d'un Principe un et indivisible, que Bœhm, pour se faire entendre, considère comme trinaire dans son essence, et septénaire dans ses formes ou modes. C'est donc à tort qu'elle a été confondue, ainsi que sa cause, avec la Substance-Principe de Spinosa.

Un Précis de l'origine et des suites de l'altération de cette nature, suivant Jacob Bœhm, donné dans le *Minis-*

tère de l'homme-esprit (pag. 28-31), montre comment, en voulant dominer par le *feu*, dans le premier Principe, au lieu de régner par l'*amour* dans le second, l'esprit prévaricateur entraîna dans sa chute l'homme, qui lui avait été opposé ; comment, l'homme ayant été absorbé dans sa forme grossière, l'amour divin voulut lui présenter son modèle, pour lui faire recouvrer sa ressemblance, par son union avec son type. Ces points, en général, n'ont rien sans doute que de biblique : mais, dans l'énoncé des formes des trois Principes, les expressions des diverses propriétés de l'Être, qui tendent à *comprimer*, *attirer*, *émouvoir* (formes essentielles du premier Principe) ; celles de même qui en sont la manifestation, et qui consistent à *échauffer*, *éclairer*, *produire* et *opérer* (formes appartenant au second et au troisième Principe), peuvent sembler, en partie, extraites des qualités de l'ordre sensible : cependant, malgré les termes de physique ou de chimie, trop souvent mêlés à l'expression des notions les plus élevées, c'est toujours dans un sens immatériel et spirituel que Bœhm veut qu'on l'entende ; et c'est aussi dans ses propres aperçus, sans rien emprunter à Paracelse, qu'il a puisé ces notions, qui sont la base de sa philosophie.

Saint-Martin avoue au reste, avec Poiret, que l'auteur est à-la-fois sublime et obscur, et qu'en particulier son *Aurore* est un chaos, mais qu'elle contient tous les germes développés dans ses *Trois Principes*, et dans les productions subséquentes, sur lesquelles nous ferons peu de remarques. — 2.° *Les Trois Principes de l'Essence divine*, Paris, an x (1802), 2 vol. in-8° Cet ouvrage, composé sept ans après l'*Aurore naissante*, est bien moins informe ; et l'on peut le regarder comme un tableau complet de la doctrine de l'auteur, sauf les éclaircissements et les nouvelles explications que présentent les ouvrages suivants, quoiqu'ils ne forment encore qu'une portion de ses Œuvres : mais elle est suffisante pour en donner idée ; et l'œuvre entière ne satisferait pas ceux des lecteurs qui n'auraient pu comprendre les mêmes choses répétées et expliquées souvent jusqu'à satiété par l'auteur même. — 3.° *De la Triple vie de l'homme*, édit. revue par M. Gilbert, Paris, Migneret, 1809, in-8°. C'est sur la manifestation de l'origine, de l'essence et de la fin des choses suivant les *Trois Principes*, qu'est établie cette *Triple vie*, comprenant la vie extérieure et corporelle, la vie propre et interne, et la vie divine, où l'ame entre par une nouvelle naissance, et pénètre dans l'esprit du Christ. — 4.° *Quarante questions sur l'ame*, etc., suivies des *Six points* et des *Neuf textes*, éd. revue par le même, Paris, 1807, in-8°. Ces questions qui roulent sur la nature et les propriétés de l'ame, avaient été proposées à l'auteur, par un amateur de théosophie, son maître en chimie, le docteur Balthazar Walter. Les réponses sont annoncées comme n'étant point selon la raison extérieure, mais selon l'esprit de la connaissance, d'après les principes dont l'auteur a donné les bases, et dont elles sont une récapitulation.

Ces diverses traductions forment à-peu près le tiers des Œuvres de Bœhm, dont il n'y avait que deux ouvrages traduits jusqu'alors, en vieux langage : le 1.er, la *Signatura rerum*, imprimé à Francfort, en 1664, sous le nom du *Miroir temporel de l'Eternité*; et le second, à Berlin, 1722, in-12, intitulé le *Chemin pour aller à Christ*.

XI. *Œuvres posthumes de Saint-Martin*, 2 vol. in-8°, Tours, 1807. On distingue dans ce Recueil : 1.° un choix sagement fait des Pensées de Saint-Martin, par M. Tournier; 2.° un Journal, depuis 1782, de ses relations, de ses entretiens, etc, sous le titre de Portrait de Saint-Martin fait par lui-même; — 3.° plusieurs Questions et Fragments de littérature, de morale et de philosophie, entre autres, divers morceaux sur la *Poésie prophétique*, sur l'*Admiration*, sur les *Voies de la sagesse*, et les *Lois de la Justice divine*; — 4.° des Poésies où, comme on le pense bien, l'auteur s'attache plus au fond qu'à la forme : cependant on trouve, dans le *Cimetière d'Amboise*, et surtout dans les

Stances *sur l'origine et la destination de l'homme*, des pensées profondes, exprimées avec sentiment et avec énergie; — 5.° enfin, des Méditations et des Prières, où se peint véritablement l'homme de desir, qui forme des vœux pour que ses semblables recherchent les vraies connaissances, les jouissances pures de l'esprit, en les puisant dans leur propre centre, et en s'élevant de là vers la source de la lumière et de la vie, après laquelle il n'avait cessé de soupirer.

FIN.

On trouve à la même adresse les Ouvrages suivants ou Traductions de M. DE SAINT-MARTIN.

Le Ministère de l'Homme-Esprit. 1 vol. *in*-8.°

De la Triple Vie de l'Homme, selon le Mystère des Trois Principes de la Manifestation divine. 1 vol. *in*-8.°

Les Trois Principes de l'Essence divine, ou de l'éternel Engendrement sans origine, etc. 2 vol. *in*-8.°

Quarante Questions sur l'Origine, l'Essence, l'Être et la Propriété de l'Ame, etc. 1 vol. *in*-8.°

Lettre à un Ami sur la Révolution française. 1 vol. *in*-8.°

Opuscules théosophiques, auxquels on a joint une Défense des *Soirées de Saint-Pétersbourg;* par un Ami de la Sagesse et de la Vérité.

www.ingramcontent.com/pod-product-compliance
Ingram Content Group UK Ltd.
Pitfield, Milton Keynes, MK11 3LW, UK
UKHW020224200726
13856UKWH00004B/1607